Au secours !
On déménage

Histoire
Christine Sagnier

Images
Caroline Hesnard

Conception
Émilie Beaumont

FLEURUS

FLEURUS ÉDITIONS, 15-27 rue Moussorgski, 75018 PARIS
www.fleuruseditions.com

Il y a des jours où il vaudrait mieux rester sous sa couette, bien au chaud. C'est Tom, mon grand frère, qui le dit. Et il a raison.
Ce week-end-là, Maman et Pierre sont partis deux jours. Pierre, c'est notre « faux père » : Tom l'appelle comme ça quand il veut le faire tourner en bourrique. Sauf que Pierre ne tourne jamais en bourrique. Il est calme, très calme.
Si calme que c'est Tom qui finit toujours par s'énerver et par claquer la porte.

Pierre et Maman sont donc partis deux jours en amoureux, c'est du moins ce qu'ils nous ont expliqué. C'était la fête : moi, je suis allée dormir chez ma copine Alice, et Tom est resté tout seul à la maison. Enfin, tout seul, façon de parler. Parce qu'il avait invité

plein de copains, mais je n'avais pas intérêt à le répéter à Maman. « Lola, si tu caftes, m'avait menacée Tom, tu vas le regretter à un point que tu n'imagines même pas... » Ça m'a tout de suite ôté l'envie de rapporter. En tout cas, on s'est bien fait avoir, lui et moi. Un week-end en amoureux, tu parles ! S'ils étaient partis, Pierre et Maman, c'était pour acheter une maison, loin, très loin. Voilà. Sans même nous tenir au courant.

Quand ils sont rentrés le dimanche soir, ils nous ont demandé si tout s'était bien passé. Nous avons répondu d'une seule voix : « Impec ! » Maman n'a rien voulu savoir de plus. Pas de : « Dis-moi, Tom, à quelle heure est-ce que tu t'es couché ? » Ni de : « Et toi, Lola, tu t'es bien amusée chez Alice ? »

Ou encore : « Tous les devoirs sont-ils faits pour demain ? Il n'y a pas un carnet à signer ? » Rien ! Ça aurait dû nous mettre la puce à l'oreille. Maman avait les joues rouges comme des tomates et elle regardait Pierre avec un sourire accroché aux oreilles. C'est alors qu'ils ont tout avoué. Là, dans le salon, au milieu des valises qu'ils n'avaient pas encore rangées.
- Nous avons une grande nouvelle à vous annoncer, ont-ils dit.

Une grande nouvelle, ils nous en avaient déjà annoncé une cinq mois plus tôt en nous apprenant que la famille allait s'agrandir. Pour une nouvelle, c'en était une, mais pas une bonne. La famille était déjà bien assez grande comme ça à mon goût. Avoir un grand frère comme Tom, ce n'est déjà pas le rêve ; et supporter en plus Hugo et Victor, les jumeaux de Pierre, un week-end sur

deux, je le jure, c'est un vrai cauchemar !
Alors, quand Maman m'avait demandé si je préférais avoir une petite sœur ou un petit frère, j'avais répondu : « Un petit chien ! » Elle n'avait pas insisté.
Aussi, quand elle a parlé d'une autre grande nouvelle, mes cheveux se sont dressés sur ma tête. C'est un exploit parce qu'ils sont raides comme des baguettes, mes cheveux.
Tom, lui, n'a rien entendu, vu que les écouteurs de son MP3 sont toute la journée enfoncés dans ses oreilles. Je me demande même s'il coupe le son la nuit.
- Voilà, a fait Maman, nous avons trouvé une maison !

- Avec un jardin, a ajouté Pierre en lui jetant un regard de conspirateur.
- Un grand jardin, a souligné Maman.
Inquiète, j'ai demandé :
- Une maison pour qui ?
- Ben... une maison pour nous cinq, a répondu Maman en posant sa main sur son gros ventre. Une belle maison

avec une grande chambre pour chacun.
Et un jardin plein d'arbres : des pommiers,
des cerisiers, des pruniers... Il y a de quoi
se régaler. Pierre pourra même te
construire une cabane.
La cabane dans l'arbre, c'était un bon
point. J'ai failli sauter de joie.
- Et elle est où, la maison ?
Le sourire de Maman s'est crispé. Son
regard cherchait désespérément celui de

Pierre, qui, lui, avait les yeux fixés sur ses chaussures. Et Tom dans tout ça ? Eh bien, il feuilletait un magazine de skateboard en balançant la tête. Quel idiot, celui-là ! Quatorze ans, et même pas capable de sentir le drame couver dans la famille ! Après, c'est lui qui me traite de bébé.
- Tout près de Paris, a dit Maman.
- Vous étiez à Paris ? a lancé

Tom en levant enfin le nez.
Maman n'a pas eu le temps de lui répondre ; déjà, je contre-attaquais :
- À Paris ? Et Papa, il vient avec nous ?
Cette fois, Maman a définitivement perdu son sourire de star.
- Non, Papa ne vient pas avec nous, Lola. Mais toi, tu iras le voir.
- Mais Papa va être triste ! me suis-je exclamée. Ça va être dur pour lui.

Les joues de Maman ont perdu leurs belles couleurs. Pierre a posé sa main sur son épaule et à son tour il a pris la parole :
- Vois-tu, Lola, les grandes personnes ne font pas toujours ce qu'elles veulent : elles ont des obligations. Des o-bli-ga-tions, a-t-il répété en découpant chaque syllabe pour que le mot s'enfonce bien dans ma tête.
Maman a ajouté :
- Pierre a très bien travaillé cette année. Son patron était tellement content de lui

qu'il lui a donné beaucoup de bons points et aussi un nouveau travail à Paris.
Ça, c'est Maman tout craché : quand elle est embarrassée, elle me parle comme à une enfant de quatre ans. J'ai répliqué très sérieusement :
- Tu veux dire qu'il a eu une promotion ?
Maman a ouvert une bouche toute ronde, mais aucun son n'en est sorti. Si j'avais eu le cœur moins lourd, j'aurais éclaté de rire, mais j'ai fondu en larmes. Tom m'a observée avec

le même regard que Berlingot, mon poisson rouge qui tourne depuis deux ans dans son bocal.
– C'est nul ! ai-je crié en tapant du pied. Nul, nul et archinul. Il n'a qu'à refuser sa promotion, Pierre. Je ne veux pas y aller, à Paris.

Alors, Tom s'est enfin réveillé. Il a dit de sa drôle de grosse voix toute neuve :
- Moi non plus, je ne veux pas y aller. Ça fouette, c'est pollué, ça grouille de monde à Paris !
Voilà, c'était dit ! Ni Tom ni moi ne bougerions d'ici. C'est vrai, quoi ! Une grande maison, c'est sûrement bien mieux qu'un appartement, mais quand même c'est trop injuste de déménager quand on ne le choisit pas. Et mon pauvre Papa ? Et Alice, ma meilleure-amie-à-la-vie-à-la-

mort ? Quand est-ce que j'allais les revoir ?
« Souvent, avait dit Maman, souvent… »
Comme si je pouvais la croire. Une chose est sûre, c'est qu'un déménagement, ça rend les adultes fous et les enfants transparents. La preuve : lorsque Tom a annoncé à Maman qu'il avait deux heures de colle, elle n'a pas levé un sourcil. Rien. Et mon 4 en dictée a

glissé dans son oreille sans qu'elle réagisse, pffuit ! Tout ce qui comptait désormais, c'était ce fichu déménagement.
Un samedi matin, une semaine avant le grand jour, alors que je regardais tranquillement la télévision, Tom s'est assis à côté de moi sur le vieux canapé. On aurait cru un gros insecte avec son tee-shirt jaune à rayures noires et ses écouteurs qui bourdonnaient si fort que j'ai dû augmenter le son de la télé. Maman est arrivée à son tour. Elle s'est plantée devant nous. Son ventre était si gros qu'il masquait l'écran.

- Allez, ouste ! Vous éteignez la télévision. Il est grand temps que vous emballiez vos affaires, et je dis bien TOUTES vos affaires, a-t-elle insisté, un doigt en l'air.
De l'autre main, elle a soulevé un des écouteurs, qui était coincé dans l'oreille de Tom.
- Tu as entendu, Tom ?

- Hein ? a fait Tom, complètement ahuri.
- Je dis que vous devez ranger votre chambre. Vous triez tout ce qui est inutile. Et vous faites une pile de vos vêtements trop petits. Et vous mettez le reste dans des cartons. Et...
- Je ne sais pas faire de cartons, moi, a grogné mon frère.
- Tu y arriveras, a déclaré Maman. Tout doit être emballé, excepté les objets fragiles, dont les déménageurs se chargeront. Puis elle a tourné les talons.
Assommé par l'ampleur de la tâche, Tom s'est

laissé tomber sur moi de tout son poids.
J'ai bien cru que j'allais pleurer.
Mais pas à cause de lui, non ; à cause de
Berlingot, mon poisson rouge. J'ai gémi :
- Je ne veux pas qu'ils touchent à
Berlingot, les déménageurs.
Tom a éclaté de rire :

- Ton Berlingot n'est pas un objet fragile !
- Bien sûr que si, Berlingot est très fragile. Il ne supportera pas d'être enfermé dans un carton.
- Parce que tu crois que les déménageurs vont mettre ton poisson rouge en boîte ? Mais ce n'est pas une sardine, Berlingot ! Ce sont les ordinateurs qu'ils rangent dans les cartons. Les poissons, ils les jettent dans les toilettes, et après, bye-bye ! ils tirent la chasse d'eau !
J'ai imaginé mon Berlingot dans

les toilettes et je me suis mise à hurler.
Maman est arrivée, essoufflée. Elle portait
dans ses bras un gros panier rempli de
chaussettes.

Il y en avait des rouges, des bleues, des grises ; elles étaient toutes mélangées.
- Qu'est-ce qui se passe encore ?
- Je n'ai rien fait, a dit Tom en levant les deux bras.
- Alors, qu'est-ce qu'il y a, Lola ? Tu veux bien m'expliquer ?
J'ai essuyé mes larmes et essayé d'oublier l'image de mon Berlingot glissant d'un étage à l'autre dans les gros tuyaux de l'immeuble.

- Tom, ai-je balbutié entre deux hoquets, il a dit que les déménageurs allaient jeter Berlingot dans les toilettes.
Maman a levé les yeux au ciel.
- Mais quand est-ce que tu cesseras de croire tout ce que dit ton âne de frère ? Et toi, Tom, quand arrêteras-tu d'enquiquiner ta sœur ?
- C'est elle qui n'a pas d'humour, a protesté Tom.
J'ai crié car je ne trouvais pas ça juste :

– Ce n'est pas vrai ! Il n'arrête pas de m'embêter.
Maman nous a regardés fixement.
Elle a levé le panier en l'air et elle a déversé les chaussettes sur le canapé, juste entre nous deux.
– Puisque c'est ainsi, vous allez commencer par trier ça, et après vous vous occuperez de vos cartons. Et je ne veux pas vous entendre !
Finalement, Tom a appris à faire des cartons. Et la veille du grand jour, tout était prêt :

nous n'avions plus que nos matelas et nos duvets pour dormir. C'était le camping à la maison. Mais en moins rigolo, car la grasse matinée n'était pas autorisée. Maman nous a prévenus que les déménageurs arriveraient à 10 heures et qu'il serait alors trop tard pour prendre une douche ou un petit-déjeuner.

– 10 heures, quelle drôle d'heure ! s'est étonné Pierre. Tu es certaine ?
– Si ça ne te convient pas, tu n'as qu'à les rappeler, toi, a répliqué Maman en fronçant les sourcils.
– Mais non, ma chérie, c'est parfait, a répondu Pierre d'un ton conciliant.
– En tout cas, moi, je ne me doucherai pas, a déclaré Tom en tournant les talons.
Ni Pierre ni Maman ne l'ont contredit.
Je les ai regardés, scandalisée.
– Si Tom ne se lave pas, je ne monte pas

dans la voiture. Ses pieds sentent le camembert.
- Arrête de dire des bêtises, Lola, a soupiré Pierre.
- Ce ne sont pas des bêtises, d'abord. C'est toujours moi qui suis assise à côté de lui. Vous ne pouvez pas comprendre...
- D'accord, Lola, d'accord, a dit Maman

en bâillant face à la montagne de cartons entassés devant le mur du salon. Fais-moi un bisou et va te coucher. Je te réveille à 9 heures. La journée sera fatigante.
Pour être fatigante, la journée a été fatigante. D'abord, les déménageurs ne sont pas arrivés à 10 heures du matin, mais à 8 heures. Tout le monde dormait encore quand j'ai entendu la sonnette.

Et ça sonnait, et ça sonnait ! Je me suis levée et j'ai répondu à l'interphone.
- C'est pour le déménagement !
a grogné une grosse voix énervée.
J'ai aussitôt raccroché pour courir prévenir Pierre et Maman, qui étaient encore au lit. J'ai ouvert toute grande la porte de leur chambre et j'ai crié :
- Ce sont les déménageurs, ce sont les déménageurs !

Pierre m'a regardée en se frottant les yeux.
- Les déménageurs ?
J'ai hoché la tête. Derrière moi, la sonnette hurlait de plus belle.
- Tu n'as pas ouvert ? m'a demandé Maman.
- Ben, non !
Pierre a sauté du lit et puis s'est glissé dans son pantalon. En trois bonds et trois petites secondes, il a atteint la porte.

Ouf ! Les déménageurs n'étaient pas repartis, mais ils étaient furieux. Et des déménageurs furieux, ça ne présage rien de bon. Surtout que les nôtres, c'étaient de grands costauds, tatoués et moustachus, qui n'étaient pas du genre à aimer patienter.
- C'est elle, la petite demoiselle qui m'a

raccroché au nez ? a demandé le plus gros
en entrant dans l'appartement.
- Je ne l'ai pas fait exprès, ai-je murmuré
sans oser le regarder.
Pendant ce temps, ses collègues faisaient
le tour des pièces en ouvrant les portes
sans frapper.
- Et le jeune homme ? a crié l'un d'entre
eux. On l'emporte dans le camion en même
temps que le lit ?
On avait oublié de réveiller Tom,
et il dormait à poings fermés.
Mon frère avait donc eu raison de dire
qu'il ne se laverait pas. D'ailleurs, Pierre,
Maman et moi, nous ne nous sommes
pas lavés non plus. On a tout juste eu
le temps d'enfiler nos vêtements, de nous
chausser et de nous brosser les dents.
Les déménageurs couraient déjà dans
tous les sens. Ils emballaient les cadres,

la vaisselle, les miroirs, les lampes.
Ils démontaient les étagères, les commodes,
les bureaux. J'ai bien cru qu'ils allaient
emporter les cloisons. Ils ont vidé ma
chambre en quelques minutes. J'ai pu
attraper mon aquarium avant eux.

Mon pauvre Berlingot ne tournait plus rond. Il était tout bouleversé par ce remue-ménage. Moi aussi. Heureusement, Alice, ma meilleure-amie-à-la-vie-à-la-mort, m'avait invitée à passer cette dernière journée chez elle. Mais une dernière journée, c'est triste à mourir. On joue pour la dernière fois ensemble à Barbie, on mange pour la dernière fois ensemble un gâteau au chocolat, on ose à peine parler,
de peur de se mettre à pleurer.
- Elle est comment, ta maison ? m'a demandé Alice.

– Trop moche, ai-je gémi, vraiment moche !
Alice a essayé de me consoler :
– Moi, je suis allée à Paris à Noël, l'an dernier.
Maman m'a menée voir les vitrines décorées.
C'était magnifique.
Tandis qu'elle parlait, ses yeux brillaient
comme des guirlandes. J'ai regardé ailleurs
et j'ai répliqué :
– Moi, je te dis que c'est nul, que ça sent
mauvais et qu'il y a du monde partout.
C'est mon frère qui l'a dit.

– Ah ! Mais en tout cas, à Noël, c'est très beau. Elle m'a énervée, Alice. Ce n'était pas elle qui déménageait, ça se voyait. Tout d'un coup, je me suis sentie très fatiguée. J'ai dit que je voulais rentrer. Alice a demandé à sa mère l'autorisation de me raccompagner. Nous avons marché toutes les deux en silence. Nous nous sommes dit au revoir au pied de l'immeuble, devant le camion de

déménagement. Je l'ai embrassée très vite sur la joue. Je ne voulais pas qu'elle voie les larmes dans mes yeux. Après, je suis montée en courant jusqu'à l'appartement. Quand je suis entrée dedans, il était tout nu, tout vide. Je suis allée me cacher dans ma chambre, je me suis assise derrière la porte et j'ai pleuré. J'ai fini par m'endormir par terre, à même la moquette.
C'est Maman qui m'a réveillée.
Les déménageurs étaient partis depuis longtemps.
- Il faut que l'on s'en aille, Lola, a-t-elle

murmuré en m'aidant à me lever.
Tom n'a pas desserré les dents durant le voyage. Il faut savoir qu'il avait dit au revoir à sa copine la veille. Il en avait gros sur le cœur. Il devait faire semblant de dormir, mais on ne pouvait pas voir son visage, qui était caché derrière ses cheveux. Car il refusait de les couper depuis le jour où l'on avait appris la mauvaise nouvelle. Quand on est enfin

arrivés et que Pierre a éteint le moteur,
j'ai ouvert la portière et mis un pied sur
le trottoir. Surprise ! J'ai entendu
les oiseaux chanter à tue-tête. Des oiseaux
à Paris, ce n'était pas du tout ce que Tom
avait dit. Et en plus il n'y avait personne dans
la rue. Juste un papy qui taillait sa haie.
J'ai respiré très fort.
- Mais ça ne sent pas la pollution !
- On est en banlieue, pauvre pomme,
a marmonné Tom.
Alors, seulement, il a daigné relever
le menton. Il a repoussé sa frange et hurlé :
- C'est ça ?
J'ai suivi son regard. C'est vrai qu'elle était
effrayante, la maison. Bien pire que sur
les photos que nous avait montrées Maman.
Un vrai château hanté ! Une plante géante
grimpait du sol jusqu'au toit, et même sur
la tourelle dressée sur le côté. J'ai gémi :

– Mais... elle est trop...
– Ignoble ! a conclu Tom.
Pierre et Maman se sont tournés vers nous.
– D'accord, a concédé Maman, elle n'est pas très belle. Mais on va faire plein de travaux, et elle sera splen-di-de !
– Il faudra commencer par la raser, a grommelé Tom.
Raser la maison, j'étais d'accord.
Mais surtout pas les fleurs qui sentaient si bon. Car des fleurs, il y en avait partout.
Alors, je me suis empressée d'ouvrir la grille du jardin pour cueillir une marguerite qui poussait au milieu des herbes folles.

FIN

MDS : 660787
ISBN : 978-2-215-10656-2
© FLEURUS ÉDITIONS, 2011.
Dépôt légal à la date de parution.
Conforme à la loi n ° 49-956 du 16 juillet 1949
sur les publications destinées à la jeunesse.
Imprimé en Italie. (09-11)